BEI GRIN MACHT SICH IHR
WISSEN BEZAHLT

Bibliografische Information der Deutschen Nationalbibliothek:

Die Deutsche Bibliothek verzeichnet diese Publikation in der Deutschen National-
bibliografie; detaillierte bibliografische Daten sind im Internet über http://dnb.d-
nb.de/ abrufbar.

Impressum:

Copyright © 2017 GRIN Verlag
Druck und Bindung: Books on Demand GmbH, Norderstedt Germany
ISBN: 9783346238474

Dieses Buch bei GRIN:

https://www.grin.com/document/915185

Hauke Harrsen

Die Vermittlung von Geschlechterstereotypen im Radio. Das Beispiel der Radiosendung "Ponik & Petersen - Der NDR 2 Morgen"

GRIN Verlag

GRIN - Your knowledge has value

Der GRIN Verlag publiziert seit 1998 wissenschaftliche Arbeiten von Studenten, Hochschullehrern und anderen Akademikern als eBook und gedrucktes Buch. Die Verlagswebsite www.grin.com ist die ideale Plattform zur Veröffentlichung von Hausarbeiten, Abschlussarbeiten, wissenschaftlichen Aufsätzen, Dissertationen und Fachbüchern.

Besuchen Sie uns im Internet:

http://www.grin.com/

http://www.facebook.com/grincom

http://www.twitter.com/grin_com

Universität Hamburg
Fakultät: Geisteswissenschaften
Fachbereich: Medien und Kommunikationswissenschaften
Wintersemester 2016/2017

Die Vermittlung von Geschlechterstereotypen in der Sendung *Ponik & Petersen – Der NDR 2 Morgen*

Hausarbeit vorgelegt von:

Hauke Harrsen
 Erziehungswissenschaft/ Lehramt
(M.A.) Unterrichtsfach: Deutsch

Inhaltsverzeichnis

1. Einleitung...1

2. Einführung in das Medium Radio 1

    2.1 Radio im Allgemeinen 1

    2.2 Morgensendungen...2

    2.3 Norddeutscher Rundfunk und Hörfunkprogramm des NDR 2 3

3. Begriffsdefinition Geschlechterstereotype 4

    3.1 Kategorienbildung und Stereotype...4

    3.2 Geschlechterstereotype..5

    3.3 Geschlechterstereotype und Medien..5

4. Aktueller Forschungsstand bzgl. der Art und Weise der Darstellung von Geschlechtern in Rundfunksendungen..6

5. Methodenauswahl..8

    5.1 Begründung der Auswahl einer qualitativen Inhaltsanalyse 8

    5.2 Beschreibung des Ablaufs einer qualitativen Inhaltsanalyse..................9

6. Durchführung der qualitativen Inhaltsanalyse 9

    6.1 Schritt I: Festlegung des Materials...9

    6.2 Schritt II: Analyse der Entstehungssituation...11

    6.3 Schritt III: Formale Charakteristika des Materials.................................11

    6.4 Schritt IV: Richtung der Analyse...12

    6.5 Schritt V: Bestimmung der Analysetechnik und Festlegung der Analyseeinheiten 12

    6.6 Schritt VI: Analyseschritte gemäß Ablaufmodell...................................13

    6.7 Schritt VII: Zusammenstellung und Interpretation der Ergebnisse 15

7. Fazit..17

8. Literaturverzeichnis...18

Anhang

1. Einleitung

Die „Gender-Debatte" findet in akademischen Kreisen zunehmend mehr Beachtung. Dies ist auch dringend notwendig, denn im 21. Jahrhundert sind Stigmatisierungen und Vorurteile hinsichtlich des vermeintlich zugehörigen Geschlechts keine Seltenheit. Ausgehend von dem Konzept, dass Geschlechtszugehörigkeit und Geschlechtsidentität nicht durch Eigenschaften oder biologische Merkmale festgelegt sind, sondern sozial hervorgebracht und reproduziert werden (vgl. Gildemeister 2010: 137), soll sich in dieser Arbeit kritisch mit der Vermittlung von Geschlechterstereotypen im Massenmedium Radio auseinandergesetzt werden.

Die Forschungsfrage dieser Arbeit lautet hierbei, ob in der Radiosendung *Ponik & Petersen – Der NDR 2 Morgen* eine Vermittlung von Geschlechterstereotypen stattfindet. Um Frauen, Männer und Queers gleichermaßen anzusprechen, wird im Folgenden die >*innen< Schreibweise verwendet.

Die Arbeit widmet sich dem Thema zunächst auf theoretischer Ebene. Dabei wird auf das Medium Radio und auf Morgensendungen im Allgemeinen eingegangen sowie im Speziellen auf den Norddeutschen Rundfunk (NDR). Anschließend wird der Begriff „Geschlechterstereotype" definiert. Des Weiteren wird ein Überblick über die aktuelle Forschungslage zu diesem Thema gegeben. Daraufhin folgt der Praxisteil dieser Arbeit. Für die Analyse der Vermittlung von Geschlechterstereotypen in der Radiosendung *Ponik & Petersen – Der NDR 2 Morgen* wird die Methode der qualitativen Inhaltsanalyse nach Mayring (2015) angewendet. Vorab wird die Auswahl der Methode begründet und der Ablauf der Inhaltsanalyse erklärt. Sodann wird die Inhaltsanalyse nach Mayring (2015) durchgeführt. Abschließend wird ein Gesamtfazit gezogen.

2. Einführung in das Medium Radio

2.1 Radio im Allgemeinen

In diesem Kapitel wird sich mit dem Begriff „Radio" auseinandergesetzt. Ursprünglich lässt sich der Begriff von dem lateinischen Wort „radius" ableiten und bedeutet so viel wie „Strahl" (vgl. Kleinsteuber 2012: 16). Eine eindeutige Definition lässt sich in der Literatur allerdings nicht festmachen (vgl. ebd.: 15).

Umgangssprachlich hingegen sind unter dem Begriff, welcher sich in Deutschland im 20. Jahrhundert etablierte, mehrere Sachverhalte zu verstehen (vgl. ebd.: 17f.). Radio kann hierbei als ein auditives Medium beschrieben werden, das durch eine Sender-Empfänger-Struktur gekennzeichnet ist. Weiterhin kann unter Radio die Organisation, die das Radioangebot gestaltet, (z.B. Funkhaus) verstanden werden. Das Massenmedium Radio ist außerdem ein Programmmedium. Beiträge, Programme und Musik werden vorbereitet, gestaltet und letztlich abgespielt (vgl. ebd.: 18). Radio kann zudem als ein „Nebenher-Medium" bezeichnet werden. „Das Radio übernimmt im Zeit- und Aufmerksamkeitsbudgets des Hörers eine spezifische, zeitlich ausgedehnte, aber eher neben anderen Aktivitäten parallel laufende, Rolle ein" (ebd.: 18). Außerdem kann Radio als etwas Technisches angesehen werden, da die Übertragungen auf technischem Wege funktionieren (vgl. ebd.). Des Weiteren bietet Radio ein mediales Angebot. Professionelle und amateurhafte Beiträge und Aufnahmen können im Radio abgespielt werden (vgl. ebd.). Das Medium Radio hat somit viele Facetten, sodass sehr auf den Kontext Acht gegeben werden muss, in dem über Radio gesprochen wird (vgl. ebd.: 19).

2.2 Morgensendungen

Da es in dieser Arbeit um die Vermittlung von Geschlechterstereotypen in einer Morgensendung im Radio geht, wird in diesem Kapitel explizit darauf eingegangen, wodurch Morgensendungen charakterisiert sind. Neben Nachrichten, Trailern, dem Einspielen von Werbespots und Jingles gibt es drei weitere Programmelemente, die sich als wesentlich für Morgensendungen herausgestellt haben. Dies ist erstens der Service, der Informationen über die Uhrzeit, über das Wetter und über die aktuelle Verkehrslage bereitstellt, zweitens die An- und Abmoderation der Sendungen sowie drittens die wiederholende Erwähnung des Radiosenders und des aktuellen Programms (vgl. Bayerische Landeszentrale für neue Medien 1994: 43). Diese drei Elemente nehmen hierbei 75 - 95% der Moderationsrollen von Morgensendungen ein. Weiterhin gelten das beiläufige „Plaudern" und Erzählen, thematische Moderationen, Höreranimationen sowie Quiz- und Gewinnspiele zu typischen Charakteristika von Morgensendungen.

Diese letztgenannten Elemente nehmen allerdings nur einen sehr geringen Anteil der Sendungen ein (vgl. ebd.: 43). Zusätzlich zu den eben erwähnten inhaltlichen Beiträgen spielt die Selbstdarstellung der Moderator*innen eine große Rolle. Es wird beispielsweise von eigenen Erlebnissen, wie der „Darstellung von eigenen Gefühlen und Befindlichkeiten" in den Sendungen berichtet (vgl. ebd.: 45). Auch wird das bereits erwähnte „Plaudern" und Erzählen meist deshalb bewusst in das Programm eingebaut, weil dadurch die Möglichkeit geschaffen werden kann, einen individuellen Moderationsstil herzustellen (vgl. ebd.: 47). Ein weiteres zentrales Merkmal von Morgensendungen ist das Einbeziehen der Hörer*innen in das Programm. Auf diese Art und Weise wird versucht, dass sich die Hörer*innen mit den Moderator*innen identifizieren. Ist eine positive Bindung aufgebaut, kann dies sogar dazu führen, dass über ein eher unzufriedenes Programm hinweggesehen wird (vgl. ebd.: 109). „Die Bindung an einen besonderen Moderationsstil, an eine besondere Moderatorenpersönlichkeit reduziert so ganz wesentlich die Umschaltbereitschaft der Hörer bei mißliebigen Programmelementen" (vgl. ebd.: 109). Neben der Musik ist somit die Qualität der Moderation ausschlaggebend für den Erfolg von Sender und Programm (vgl. Haas/Frigge/Zimmer 1991: 571).

2.3 Norddeutscher Rundfunk und Hörfunkprogramm des NDR 2

Das analysierende Datenmaterial stammt aus einer Morgensendung des NDR 2, sodass in diesem Kapitel auf den Norddeutschen Rundfunk und das NDR 2 Hörfunkprogramm eingegangen wird. Der Norddeutsche Rundfunk (NDR) ist eine Anstalt des öffentlichen Rechts mit Sitz in Hamburg und ist zuständig für die Veranstaltungen der Rundfunksendungen. Das Sendegebiet umfasst die Bundesländer Hamburg, Mecklenburg-Vorpommern, Niedersachsen und Schleswig-Holstein (vgl. Norddeutscher Rundfunk: 2015: 6). Die zentralen Hörfunkprogramme des NDR sind NDR 2 und N-Joy. Diese legen einen Fokus auf ein informatives und unterhaltendes Programm (vgl. ebd.). NDR 2 sendet täglich rund um die Uhr und kann dem Adult-Contemporary (AC) Format zugeordnet werden. Ein AC-Format ist nach Kleinsteuber (vgl. 2012: 185) darüber definiert, dass leichte Popmusik mit entspannter Hörbarkeit gespielt wird. Das Alter der Zielgruppe dieses Formats liegt bei 14 - 49 Jahren (vgl. ebd.). Auch der NDR 2 selbst fühlt sich aufgrund des Anspruchs ein attraktives Programm zu gestalten, für das Abspielen von Popmusik verpflichtet (vgl. Norddeutscher Rundfunk 2015: 31). Zusätzlich zum Abspielen von Musik informiert NDR 2 im Wesentlichen über aktuelle Nachrichten und berichtet über Verkehrs- und Wettersituation (vgl. ebd.: 39). Das Tagesprogramm des NDR 2 ist aufgeteilt in Früh-, Vor-, und Nachmittags-Programme. In sogenannten „Call-ins" haben die Hörer*innen sogar Möglichkeiten zu unterschiedlichsten Themen und Fragen selbst zu Wort zu kommen (vgl. ebd.: 30). Hier wird bewusst Interaktivität hergestellt, um eine breite Hörerschaft zu erreichen. Zudem gibt es die Möglichkeit sich online zu beteiligen, beispielsweise über die Facebook-Seite des NDR 2 (vgl. ebd.).

3. Begriffsdefinition Geschlechterstereotype

3.1 Kategorienbildung und Stereotype

Der Begriff der Kategorisierung ist für das Verstehen von Stereotypen unerlässlich, da die Wahrnehmung des Menschen auf Kategorien basiert, die dadurch entstehen, dass Gemeinsamkeiten und Unterschiede erfasst werden (vgl. Thiele 2015: 24). Merkmalsausprägungen, die zur Kategorienbildung beitragen, können beispielsweise Persönlichkeitseigenschaften, Einstellungen und Werte, aber auch Merkmale des Alters, des Geschlechts und der Ethnie sein. Die Kategorien werden abgerufen und dienen als hilfreiche Einteilung und bei der Einordnung neuer Eindrücke in vorhandene Wissensstrukturen (vgl. ebd.). So steht zu Beginn jeder empirischen Wissenschaft die Kategorisierung. Welche Merkmale hierbei zugeordnet werden, wird in einem sogenannten Kategoriensystem festgelegt (vgl. ebd.). Im späteren Verlauf wird auf die Kategorienbildung erneut eingegangen, weil sie als Grundlage für die qualitative Inhaltsanalyse dient.

Der Begriff der Stereotype stammt ursprünglich aus dem Griechischen Wort „stereos" ab und bedeutet so viel wie hart, fest, starr (vgl. ebd.: 27). Im 19. Jahrhundert ausschließlich als Fachbegriff verwendet, wurde der Begriff im 20. Jahrhundert erstmals mit der menschlichen Wahrnehmung in Verbindung gebracht. Konkret wird von Stereotype gesprochen, wenn es um „Strukturen des Denkens" geht (ebd.: 27). Alltagssprachlich bedeutet Stereotype so viel wie Klischee oder Vorurteil. „Ausgedrückt werden soll, dass eine Aussage, ein Bild, eine Verhaltensweise wenig mit ‚der Realität' zu tun hat" (ebd.: 28).

3.2 Geschlechterstereotype

Ein Teilbereich der Stereotype sind Geschlechterstereotype. Hierbei handelt es sich um Stereotype, die sich auf die Kategorie Geschlecht beziehen (vgl. Thiele 2015: 24). Als eine sehr anerkannte Definition gilt, dass Geschlechterstereotype kognitive Strukturen sind, „die sozial geteiltes Wissen über die charakteristischen Merkmale von Frauen und Männern enthalten" (Ashmore/Del Boca 1979: 219). Kennzeichnend für Geschlechterstereotype ist, anders als bei anderen Gruppenstereotypen, dass sie sowohl präskriptive als auch deskriptive Elemente beinhalten. Die deskriptiven Anteile umfassen traditionelle Auffassungen hinsichtlich dessen, wie Frauen und Männer sind. Frauen sind demnach „abhängig, verständnisvoll und emotional, Männer ‚sind' unabhängig, dominant und zielstrebig" (Eckes 2010: 178). Parallel dazu bilden die präskriptiven Anteile traditionelle Annahmen ab, wie Frauen und Männer sein sollten oder wie sie sich zu verhalten haben. Von Männer wird daher z.B. erwartet, dass sie „dominant und zielstrebig" und von Frauen, dass sie „verständnisvoll und emotional" sind (ebd.).

3.3 Geschlechterstereotype und Medien

Studien aus den 1970er und 1980er Jahren, die nach der Darstellung der Frauen in den Massenmedien fragten, sind zu dem Ergebnis gekommen, dass Medien nicht die Realität wiedergeben und Frauen unterrepräsentiert dargestellt werden (vgl. Thiele 2015: 234). Es wird insgesamt weniger über sie berichtet und wenn dann nur in einem „sehr engen Rollenspektrum und in letztlich stereotyper Art und Weise" (ebd.). Das Bild hat sich im Hinblick auf die Geschlechterdarstellung seitdem nicht wesentlich verändert. In journalistischen Bereichen und vor allem in der Werbung, werden weiterhin geschlechterstereotypische Rollenbilder von Frauen vermittelt (vgl. ebd.: 235). Zum einen werden dabei traditionelle Bilder vermittelt, indem Frauen z.B. als die „Hausfrau" oder die

„Mutter", dargestellt werden und zum anderen werden sie mit ganz bestimmten Kategorien in Verbindung gesetzt. Berufsbezogen fallen Begriffe wie die „Karrierefrau" und hinsichtlich der sexuellen Orientierung Bezeichnungen wie die „Kampflesbe" (vgl. ebd.: 235). Dass das System der Zweigeschlechtigkeit weiterhin erhalten geblieben ist, wird auch daran sichtbar, dass es in Medien beispielsweise üblich ist, dass Frauen andere Pflegeprodukte empfohlen werden als Männern (vgl. ebd.). Im Hinblick auf diese Tatsachen ist es unerlässlich sozialwissenschaftliche Forschungen zu betreiben, die nach den Unterschieden zwischen der „Realität" und der „Medienrealität" fragen (vgl. ebd.).

4. Aktueller Forschungsstand bzgl. der Art und Weise der Darstellung von Geschlechtern in Rundfunksendungen

Anders als die eben erwähnten Geschlechterdarstellungen im Medium allgemein, muss angemerkt werden, dass aktuelle Forschungen darüber, ob Rundfunkprogramme zur Gleichberechtigung und Gleichstellung von Männern und Frauen beitragen, kaum vorliegen. Ein Grund hierfür ist, dass sich Untersuchungen diesbezüglich meist mit viel zu enggefassten Fragestellungen oder ausschließlich mit Frauensendungen beschäftigen (vgl. Werner/Rinsdorf 1998: 36). Einer der wenigen Ergebnisse zu diesem Thema liefert die im Auftrag der Landesanstalt für Rundfunk Nordrhein-Westfalen und des Ministeriums für die Gleichstellung von Frau und Mann Nordrhein-Westfalens durchgeführte Studie von Werner und Rinsdorf (1998). In dieser Studie wurden gezielt Fragen zu der Darstellung von Frauen und „Frauenthemen" untersucht. Zusätzlich wurde geprüft, inwiefern die Programme der Lokalstationen in Nordrhein-Westfalen (NRW) dem Programmauftrag des Landes-Rundfunkgesetzes (LRG NW) gerecht werden. Es wird kurz darauf verwiesen, auf welche Art und Weise die Untersuchung durchgeführt worden ist und anschließend die wichtigsten Ergebnisse zusammengefasst. Zum einen wurden in der Studie von Werner und Rinsdorf (1998) explorative Experten-Interviews geführt. Fallstudien von insgesamt sieben ausgewählten Gebieten sollten zudem die Frage klären, welche Faktoren die Erfüllung des Programmauftrags beeinflussen. Dabei wurden Programme von ausgewählten Frauenradio-Initiativen im Bürgerfunk untersucht, dessen Inhaltsanalyse mit Gruppendiskussionen kombiniert wurde. Des Weiteren wurden Befragungen durchgeführt, die Auskünfte über die Ansprüche der Hörer*innen in NRW an ein Radioprogramm geben (vgl. ebd.: 225).

Die Ergebnisse lassen sich in quantitative und qualitative Ergebnisse differenzieren. Quantitativ hat die Studie ergeben, dass in nordrhein-westfälischen Lokalstationen überwiegend Männer an den Mikrofonen sitzen. Dies war in mehr als zwei Dritteln der untersuchten Fälle zu beobachten. Männer nehmen außerdem häufiger die Rolle von Spezialisten ein, Frauen hingegen werden eher als „Allrounderinnen" dargestellt (vgl. ebd.: 207). Zusätzlich zu diesen Moderationsparts sind Männer außerdem öfter zu Wort gekommen, wenn es um redaktionelle Beiträge geht. In zwei Dritteln aller Beiträge haben Männer gesprochen. Frauen hingegen sitzen nur dann häufiger vor dem Mikro, wenn die Reichweite der Hörerschaft niedriger ist, nämlich in der Nachmittagszeit (vgl. ebd.). „Bei vier von 41 Sendern waren weniger als fünf Prozent aller Journalisten-Stimmen weiblich" (ebd.: 207f.). Bei sechs Sendern hingegen war die Mehrheit der am Mikrofon sitzenden Personen weiblich. In diesen Sendungen waren in der Redaktion teilweise mehr Frauen, teilweise mehr Männer angestellt (vgl. ebd.: 208). Hinsichtlich der Befragungen gaben zwei Drittel der Personen an, dass sie zufrieden mit dem Anteil an Journalistinnen sind oder es ihnen nicht so wichtig ist, ob die Personen männlich oder weiblich sind. Ein Drittel hingegen zeigte sich unzufrieden mit dem Anteil weiblicher Stimmen in den Radiosendungen (vgl. ebd.).

Hinsichtlich der qualitativen Ergebnisse hat die Studie ergeben, dass bei politischen und ökonomischen Fragen in erster Linie Männer in den Sendungen zu Wort kommen. Frauen hingegen sprechen häufiger, wenn es um private Themen wie Kindererziehung und Partnerschaft geht. Die Befragungen haben ergeben, dass zwei Drittel der Hörer*innen sich mehr Wissenschaftlerinnen „on air" wünschen und die Hälfte der befragten Personen sich mehr Mütter, berufstätige oder sozial engagierte Frauen wünschen. Die Ergebnisse geben deutlich zu erkennen, dass ein vielseitiges Frauenbild im Radio erwartet wird (vgl. ebd.: 209). Hinsichtlich der untersuchten Fragestellung dieser Arbeit ist besonders interessant, dass in Radiosendungen stereotypische und klischeehafte Bilder von Geschlechtern vermittelt werden. „Über gut die Hälfte der medienexternen Personen [...] wird neutral berichtet – das heißt, sie tauchen nicht in einer gleichstellungsrelevanten Rolle auf" (ebd.). Hingegen weitere vier von zehn

Personen werden in drei typischen Rollen dargestellt. Und zwar in „berufliche erfolgreiche Menschen, Opfer von Gewalttaten oder Täter" (ebd.). Über erfolgreiche Frauen wird dabei seltener berichtet. Frauen wird außerdem ein anderer Erfolg zugeschrieben als Männern. Männer werden oft als Politiker oder Manager dargestellt, Frauen hingegen entweder als Schauspielerinnen, Sängerinnen oder auch als Sportlerinnen (vgl. ebd.). Außerdem ist aus den Befragungen der Studie hervorgegangen, dass sich knapp jede dritte Person bereits darüber beschwert hat, wie Frauen im Lokalradio dargestellt werden. Zusätzlich zur Beschwerde, dass eine insgesamt zu frauenfeindliche Berichterstattung stattfindet, waren die am häufigsten genannten Antworten, dass Frauen klischeehaft dargestellt und nicht ernst genommen werden (vgl. ebd.).

5. Methodenauswahl

Gegenstand dieses Kapitels ist die qualitative Inhaltsanalyse, die für diese Arbeit herangezogen wurde. Dabei wird die Auswahl der Methode im Hinblick auf die Forschungsfrage nachvollziehbar begründet und ein Überblick über den Ablauf gegeben.

5.1 Begründung der Auswahl einer qualitativen Inhaltsanalyse

Der Vorteil qualitativer gegenüber der quantitativen Forschung ist, die Lebenswelten der handelnden Personen zu beschreiben. Ziel ist es hierbei, soziale Wirklichkeiten zu verstehen und dabei auf Abläufe, Deutungsmuster und Strukturmerkmale aufmerksam zu machen (vgl. Flick 2015: 14). Eine Möglichkeit, qualitative Forschung zu betreiben, ist die Anwendung einer qualitativen Inhaltsanalyse. Das Besondere an der qualitativen Inhaltsanalyse ist die meist offenere Gestaltung gegenüber Forschungsstrategien, die mit Zahlen und objektiven Daten arbeiten (vgl. ebd.: 17). Außerdem spielt bei der qualitativen Forschung die subjektive Wahrnehmung bei der Auswertung der Ergebnisse eine wesentliche Rolle. Die Untersuchung an sich ist somit flexibler (vgl. ebd.: 25). Weiterhin ist es möglich Beschreibungen der Probanden zu liefern, die die Sichtweise der Subjekte, subjektive und soziale Konstruktionen mit berücksichtigt. Für Flick (vgl. ebd.: 17) ist die Anwendung der qualitativen Analyse zudem bestens für ein Forschungsfeld geeignet, welches neu untersucht werden soll.

5.2 Beschreibung des Ablaufs einer qualitativen Inhaltsanalyse

Im Folgenden soll genauer erläutert werden, wie in dieser Arbeit die qualitative Inhaltsanalyse durchgeführt wurde. Nach Mayring (2015) kann die qualitative Inhaltsanalyse in mehrere Schritte eingeteilt werden. Aufgrund des Umfangs der hier vorliegenden Arbeit werden einige Analyseschritte sinnvoll zusammen-gebracht, ohne dass dabei wichtige Schritte unterschlagen werden. Das Vorge-hen der Analyse findet hierbei immer systematisch, regelgeleitet und theoriege-leitet statt (vgl. ebd.: 13). Zentraler Kern der qualitativen Inhaltsanalyse ist das Kategoriensystem (vgl. ebd.: 51). Die qualitative Inhaltsanalyse ist in der hier vorliegenden Arbeit in folgende Schritte unterteilt, die sich an das Ablaufmodell nach Mayring (vgl. 2015: 62) orientieren:

I. Festlegung des Materials,
II. Analyse der Entstehungssituation
III. Formale Charakteristika des Materials
IV. Richtung der Analyse
V. Bestimmung der Analysetechnik und Festlegung der Analyseeinheit
VI. Analyseschritte gemäß Ablaufmodell
VII. Zusammenstellung und Interpretation der Ergebnisse

6. Durchführung der qualitativen Inhaltsanalyse

6.1 Schritt I: Festlegung des Materials

Anfangs ist darauf hinzuweisen, dass es nicht immer leicht umzusetzen ist, in der Forschung alle Fälle in einem Sachverhalt zu analysieren. Aus diesem Grund treffen Forscher*innen meist vorab eine Auswahl des untersuchten Ge-genstands. In der Sozialforschung ist hierbei die Rede von einem „Sampling". Dieser Begriff beschreibt in der Sozialforschung die Auswahl des Untersu-chungsgegenstands. Dies können u.a. Personen, Gruppen oder Institutionen sein. Sollen die Forschungsergebnisse repräsentativ für etwas stehen, so ist es notwendig, sich die Samplings genauestens zu überlegen (vgl. Przyborski und Wohlrab-Sahr 2009: 173f.). In diesem Forschungsprojekt wurden insgesamt sechs komplette Stunden der Radiosendung *Ponik & Petersen – Der NDR 2 Morgen* aufgenommen. Dies geschah im Zeitraum vom 22.12.2016 - 05.01.2017, jeweils in der Zeit von 7 - 8 Uhr. Die Entscheidung, die Aufnahmen in diesem Zeitraum aufzunehmen, wird damit begründet, dass in dieser Zeit damit zu rechnen gewesen war, dass eine große Hörerschaft anwesend ist. Im Hinblick auf diese Annahme, dass möglicherweise eine Vermittlung von Geschlechtersterotypen genau dann stattfindet, wenn dem viele Menschen zuhören, gab den ausschlaggebenden Grund das Datenmaterial von 7 - 8 Uhr für die Analyse heranzuziehen. Ausgestrahlt wird die Sendung montags bis freitags von 5 - 10 Uhr. Die Sammlung des Datenmaterials der insgesamt sechs Stunden erschien im Hinblick auf den Umfang dieses Projekts als ausreichend. Aus dem Gesamtmaterial wurden sechs Ausschnitte aufgrund ihrer repräsentativen Eigenschaften in Bezug auf die Fragestellung ausgewählt. Dieses Vorgehen erschien aus zeittechnischen Gründen sinnvoll.

Zur Sendung selbst steht auf der Homepage von NDR 2, dass die Hörer*innen in einen guten Start in den Tag begleiten werden sollen. Es werden „Lieblingshits" abgespielt und über aktuelle Nachrichten, die Wetterlage und über die Verkehrssituation berichtet. Weiterer Bestandteil der Morgensendung ist ein „Comedyteil", um die Hörer*innen zu unterhalten. Im Jahr 2012 wurde die Sendung mit dem Deutschen Radiopreis ausgezeichnet (vgl. Norddeutscher Rundfunk: 2017). Die Moderatoren der Radiosendung sind Ilka Petersen (*1977), seit Oktober 2007 beim NDR 2 angestellt und Holger Ponik (*1969), seit dem Jahr 2001 beim NDR 2 tätig. Ist einer der beiden Moderatoren krank oder im Urlaub, so findet die Sendung trotzdem statt und wird von anderen NDR 2 Moderatoren angeleitet. Dies war in einer der zu analysierenden Ausschnitte dieses Projekts der Fall, als die NDR 2 Moderatorin Jessica Müller (*1982) die Sendung übernahm (vgl. ebd.).

6.2 Schritt II: Analyse der Entstehungssituation

In diesem Kapitel wird die Entstehungssituation des Forschungsprojekts erläutert. Da Forschungsergebnisse den Anspruch erheben, repräsentativ zu sein, ist die Entscheidung dahingehend gefallen, eine Radiosendung als Untersuchungsgegenstand zu wählen, die im öffentlich-rechtlichen Rundfunk ausgestrahlt wird. Denn die Überlegung, dass Geschlechterstereotype in einem Radiosender vermittelt werden, die einen Informations-, Kultur- und Bildungsauftrag besitzen, den der öffentlich-rechtliche Rundfunk in Anspruch nimmt, (vgl. Kleinsteuber 2012: 192), machte das Hörfunkprogramm des NDR 2 als Untersuchungsgegenstand besonders interessant. Der Norddeutsche Rundfunk selbst steht laut eigenen Aussagen auch dafür, gezielt die Vielfalt der Gesellschaft ansprechen zu wollen (vgl. Norddeutscher Rundfunk: 53). Unter diesen Umständen bot sich die Sendung *Ponik & Petersen – Der NDR 2 Morgen* an. Da die Sendung von Montag bis Freitag jeweils fünf Stunden lang ausgestrahlt wird, war zudem davon auszugehen, dass ausreichend Datenmaterial herangezogen werden konnte. Ein weiteres Kriterium für die Auswahl dieser Radiosendung war der erhoffte Mehrwert des Forschungsprojekts, denn Forschungsergebnisse hinsichtlich der Vermittlung von Geschlechterstereotypen in Radiosendungen liegen bisher kaum vor (siehe Kapitel 4).

6.3 Schritt III: Formale Charakteristika des Materials

Das Datenmaterial liegt in schriftlich transkribierter Form vor. Mit Hilfe der Aufnahmen konnten die Sendungen wiederholt angehört und sorgfältig aufgeschrieben werden. Orientiert wurde sich dabei nach dem Transkriptionssystem des TiQ (Talk in Qualitative Social Research) (vgl. Przyborski und Wohlrab-Sahr 2009: 164). Die Transkriptionszeichen wurden allerdings ein wenig abgeändert und auf die für diese Inhaltsanalyse notwendigen Zeichen beschränkt. Die Zeichenerläuterungen des Transkripts befinden sich im Anhang dieser Arbeit.

6.4 Schritt IV: Richtung der Analyse

Bei der Art der Datenerhebung handelt es sich um eine qualitative Dokumentenanalyse, da Tonmaterial für die Auswertung herangezogen wurde (vgl. Döring/Bortz 2016: 599). Die Moderatoren der Radiosendung wurden vorab nicht über das Forschungsprojekt informiert. Die Aufnahmen konnten somit durchgeführt werden, ohne sich vorab als Forscher bekannt zu geben. Bei so einem Verfahren handelt es sich um eine verdeckte Beobachtung (vgl. Przyborski und Wohlrab-Sahr 2009: 56f.). Die Richtung der Analyse zielt daraufhin, dass ausschließlich der Inhalt der gesprochenen Worte in der Morgensendung untersucht wird. Die Beziehungsebene der Personen wurde hierbei nicht mit berücksichtigt. Es spielt somit keine Rolle, in welchem Verhältnis die Moderatoren der Radiosendung zueinander stehen. Wichtig ist ebenfalls der Hinweis, dass auch gesprochene Worte von Gastredner*innen in der Sendung als Datenmaterial herangezogen und analysiert worden sind. Diese Entscheidung wird damit begründet, dass es in dieser Arbeit um die Vermittlung von Geschlechterstereotypen in der Morgensendung *Ponik & Petersen – Der NDR 2 Morgen* im Allgemeinen und nicht ausschließlich um die Vermittlung von Geschlechterstereotypen der Moderatoren dieser Sendung geht.

6.5 Schritt V: Bestimmung der Analysetechnik und Festlegung der Analyseeinheiten

Nach Mayring (vgl. 2015: 67) gibt es drei Grundformen des Interpretierens. Das sind die Zusammenfassung, die Explikation und die Strukturierung. Diese drei Analysetechniken stehen unabhängig nebeneinander, sodass sich sinnvoll nach Forschungsfrage und Datenmaterial für eine dieser Varianten entschieden werden kann (vgl. ebd.). In dieser Arbeit wurde sich für die Zusammenfassung entschieden. Das Ziel dieser Technik ist es, die wesentlichen Inhalte durch systematisches Reduzieren des Materials zu erarbeiten. Die Anwendung dieses Schrittes ist in Tabelle 1 nachzuverfolgen. Die sechs aus dem Gesamtmaterial herangezogenen Ausschnitte aus der Radiosendung sind auf den wesentlichen Inhalt gekürzt widergegeben und in der Tabelle in der Spalte „Paraphrase" dargestellt. Sie dienen als Basismaterial für alle weiteren Abläufe des nachfolgenden 6. Schrittes.

6.6 Schritt VI: Analyseschritte gemäß Ablaufmodell

Die Durchführung der qualitativen Inhaltsanalyse findet nach dem Ablaufmodell von Mayring (vgl. 2015: 71-84) statt. Die zu analysierenden Teilausschnitte aus der Radiosendung werden in Paraphrasen zusammengefasst, sodass inhaltstragende Elemente dabei nicht verloren gehen. Die Paraphrasen werden anschließend generalisiert und daraufhin so reduziert, dass sinnvolle Kategorien daraus gebildet werden können. Dienen Textbestandteile des Datenmaterials nicht der Beantwortung der Fragestellung, weil sie inhaltlich irrelevant sind, so werden sie gestrichen (vgl. ebd.: 71). Die in Tabelle 1 der rechten Spalte gebildeten Kategorien sind anschließend als Endresultat auszuwerten und zu interpretieren.

Reduktion

Anhang Fall	Nr.	Paraphrase	Generalisierung	Reduktion mit Kategorienbildung
A	1	Schlechte Vorsätze von Gastrednerin Antje sind Haushalt nicht machen, Wäsche nicht bügeln, viel Schokolade essen.	Schlechte Vorsätze Antje: Haushalt vernachlässigen und ungesünder ernähren.	K1: Schlechte Vorsätze von Frauen: • Haushalt vernachlässigen • weniger Sport machen • Ungesünder ernähren
A	2	Schlechte Vorsätze von Gastrednerin Anna sind mehr Chips essen und weniger zum Sport zu gehen.	Schlechte Vorsätze Anna: Ungesünder ernähren und weniger Sport.	
A	3	Schlechte Vorsätze von Moderatorin: Mehr Chips essen und weniger zum Sport gehen.	Vorsätze Moderatorin: Ungesünder ernähren und weniger Sport.	

B	4	Gastrednerin Corinna hatte anfangs Schwierigkeiten Gewicht zu verlieren, später hat es mit viel Geduld geklappt.	Corinna hat nur mit viel Geduld Gewicht reduziert.	K2: Tipps zum Abnehmen für Frauen: • Geduld bewahren • Nur wenige Schokoladenstücke essen
B	5	Naschen wurde von der Gastrednerin Corinna in Maßen beibehalten. Noch nie eine ganze Tafel gegessen, das macht dafür ihr Mann.	Corinna isst Schokolade nur in Maßen, ihr Mann hingegen ganze Tafel.	• Nicht so viel essen wie der Mann
B	6	Mann der Gastrednerin Corinna ist laut dem Moderator die Geheimwaffe für ihren Erfolg.	Ihr Mann als Geheimwaffe für den Erfolg ihrer Gewichtsreduzierung.	
C	7	Topmodische Gummistiefel und Regenhut als Empfehlung der Moderatoren für ein Weihnachtsgeschenk an die Frau eines männlichen Mitarbeiters.	Modische Gummistiefel und Regenhut als gutes Weihnachtsgeschenk für Frauen.	K3: Gute Weihnachtsgeschenke an Frauen: • modische Gummistiefel • Regenhut.
D	8	Gefärbte gelbe Haare mit dunklem Bart stehen dem Fußballspieler Mats Hummels nicht.	Gelb gefärbte Haare stehen Mats Hummels nicht.	
D	9	Haare zu verfärben kennt doch jede/r von uns.	Haare verfärben kennt jede/r.	
E	10	66-jähriger Mann hat Tannenbaum hinten ans Auto gebunden und ist damit gefahren. Strafe betrug 80 Euro und 1 Punkt in Flensburg.	Tannenbaum ans Auto binden ist im Straßenverkehr verboten.	

14

F	11	Weihnachtsbaum wurde von Mitarbeitern über Nacht im Studio abgebaut. Werder Bremen und HSV Kugeln wurden mitentsorgt.	Weihnachtsbaum ohne zu fragen abgebaut. Kugeln mit entsorgt.	
F	12	Moderator: Bremen Kugeln sind nicht so wichtig, die HSV Kugeln hingegen schon.	HSV Kugeln wichtiger als Bremen Kugeln.	

Tabelle 1 (eigene Darstellung nach Mayring 2015: 74-84)

6.7 Schritt VII: Zusammenstellung und Interpretation der Ergebnisse

Die Ergebnisse der qualitativen Inhaltsanalyse zeigen, dass geschlechterspezifische Stereotype in der Radiosendung vermittelt werden. Die Forschungsfrage, ob die Vermittlung von Geschlechterstereotypen in der Radiosendung *Ponik & Petersen – Der NDR 2 Morgen* stattfindet, kann somit bejaht werden. Denn ausgehend von Kapitel 3 wird deutlich, dass bestimmte traditionelle Auffassungen über Geschlechter vorliegen. Anhand der in Tabelle 1 gebildeten Kategorien ist erkennbar, dass eine Vermittlung von Geschlechterstereotypen herausgelesen werden kann. Die einzelnen Kategorien werden nun im Folgenden der Reihe nach interpretiert.

Die Kategorie 1 der Inhaltsanalyse, die sich zusammensetzt aus den Paraphrasen 1 - 3 (in der Tabelle nummeriert), hat ergeben, dass Frauen dargestellt werden, als seien sie es, die in erster Linie für den Haushalt zuständig sind. Des Weiteren wird das Bild vermittelt, dass Frauen besonders stark auf ihr Sporttreiben und die Nahrungsaufnahme Acht geben müssen, um gesund zu leben. Aus Kategorie 2 (Paraphrase 4 - 6) ist zudem zu entnehmen, dass Frauen viel Geduld bei der Gewichtsreduzierung aufbringen müssen und während der Diät nur wenige Stücke Schokolade essen sollten und dabei keineswegs so viel essen dürfen wie ihre Männer. Bei dem Vergleich mit den Männern wird außerdem transportiert, dass Frauen hinsichtlich der biologischen Anlagen benachteiligt sind (Frauen sind von Natur aus anders). Wie in Kapitel 3.2 beschrieben, handelt es sich hierbei eindeutig um Geschlechterstereotype mit deskriptiven Elementen. Kategorie 1 und 2 zeigen deutlich auf, dass die Meinung vorherrscht, dass es einen geschlechtsspezifischen Unterschied bezüglich der Gewichtsreduzierung gäbe. Diese Ergebnisse sind als sehr kritisch zu bewerten. Die Vermittlung von Stereotypen dieser Art kann die Grundlage für die Entstehung eines falschen und schwach ausgeprägten Selbstbildes von Frauen sein. In Bezug zur Gewichtsreduzierung kann dies beispielsweise bedeuten, dass sich Erwartungen und Zielsetzungen tatsächlich dahingehend verändern, dass Frauen sich einbilden, größere Schwierigkeiten beim Abnehmen zu haben.

Aus Kategorie 3 (Paraphrase 7) ist zu entnehmen, dass offensichtlich die Meinung vorherrscht, dass Frauen in jedem Falle Gummistiefel und Regenhüte mögen und dies als ein gutes Weihnachtsgeschenk anzusehen sei. Hier hat es mit einem klischeehaften Bild von Frauen hinsichtlich der Mode zu tun. Hierbei handelt es sich um Geschlechterstereotype mit präskriptivem Anteil (siehe Kapitel 3.2).

Die Ergebnisse der hier durchgeführten Inhaltsanalyse stimmen mit denen aus der Studie von Werner/Rinsdorf (1998) überein. Frauen werden so dargestellt, als sei ihr äußerliches Erscheinungsbild von besonders großer Bedeutung. Die Studie aus dem Jahr 1998 hat ergeben, nachzulesen in Kapitel 4, dass Männer meist Politiker- oder Managerberufe zugesprochen werden, Frauen hingegen als Schauspielerinnen, Sängerinnen oder Sportlerinnen dargestellt werden (vgl. ebd.: 209). In diesen drei Berufen spielt das äußerliche Erscheinungsbild meist eine wesentliche Rolle. Besonders bei Sportlerinnen herrscht vermutlich von einem Großteil der Gesellschaft das Bild vor, dass ein gut trainierter Körper Voraussetzung für sportliche Karrieren sind. Auch die durchgeführte Inhaltsanalyse zeigt, dass Frauen mit Sporttreiben, einer gesunden Ernährung und mit Modebewusstheit in Verbindung gebracht werden.

Festzuhalten ist, dass eine Vermittlung von Geschlechterstereotypen nachgewiesen werden kann. Die Ergebnisse sind als sehr kritisch zu betrachten. Es muss angemerkt werden, dass die Ergebnisse der Kategorie 1 und 2 überwiegend von Gastrednerinnen her resultieren. Die Ergebnisse sind deswegen aber keineswegs anders zu bewerten oder gar zu vernachlässigen. Dies aus dem Grund, da es in der hier untersuchten Forschungsfrage nicht ausschließlich um die Vermittlung von Geschlechterstereotypen der Moderatoren ging, sondern

um die Vermittlung von Geschlechterstereotypen in der Radiosendung im Allgemeinen. Die vorgelesenen Gastbeiträge, die in Paraphrase 1 dargestellt sind,
sind schließlich von NDR 2 Mitarbeiter*innen unter vielen ausgewählt und als
geeignet zum Vorlesen der Sendung erachtet worden. Bei den Radioaufnah-
men, aus denen sich die Kategorie 2 gebildet hat, war dies anders. Dort wurde
die Gastrednerin live in die Sendung geschaltet und der NDR 2 konnte somit
nicht mehr direkten Einfluss darauf nehmen, wie sich die Gastrednerin zum
Thema äußert. Aber auch hier gilt, dass die Umstände und die Entstehungssi-
tuationen nicht das Entscheidende sind, sondern es darum geht, ob Geschlechterstereotype in der Sendung vermittelt worden sind oder nicht. Und dies, so
muss festgehalten werden, hat stattgefunden.

7. Fazit

Das Forschungsprojekt war mit viel Arbeit verbunden, da die Durchführung der
Analyseschritte der qualitativen Inhaltsanalyse nach Mayring (2015) und das
transkribieren des herangezogenen Datenmaterials sehr zeitintensiv war. Die
Ergebnisse des Projekts können allerdings als großen Mehrwert angesehen
werden. Dass im 21. Jahrhundert derartige Vermittlungen von Geschlechterstereotypen in einem öffentlich-rechtlichen Rundfunk vermittelt werden, ist erstaun-
lich. Die vorliegenden Geschlechterbilder, so sei zu meinen, sollten längst der
Vergangenheit angehören. Gleichstellungs- und Gleichberechtigungsprozesse
müssen im starken Maße vorangetrieben werden, um den Ansprüchen an eine
aufgeklärte Gesellschaft gerecht zu werden.
Zur Aussagekraft der Ergebnisse muss angemerkt werden, dass die subjektive
Wahrnehmung bei einer qualitativen Inhaltsanalyse immer Einfluss auf die Ergebnisse nimmt. Um die Zuverlässigkeit der Ergebnisse zu erhöhen, könnten
weitere Radiobeiträge aus derselben Sendung analysiert werden, sodass die
Ergebnisse anschließend miteinander verglichen werden können.

8. Literaturverzeichnis

Ashmore, Richard D./ Frances K. Del Boca 1979. Sex Stereotypes and Implicit Personlaity Theory: Toward a Cognitive – Social Psychological Conceptualization. In: Sex Roles, 5, S. 219-248.

Bayerische Landeszentrale für neue Medien (BLM) Bereich Programm (1994). Die Rolle der Moderation bei Morgensendungen im Radio: Eine explorative Fallstudie mit Programmanalysen und Hörer-Gesprächen. Projektleitung: Detlef Schröter. München: Transferzentrum Publizistik und Kommunikation.

Döring, Nicola/ Bortz, Jürgen (2016). Forschungsmethoden und Evaluation in den Sozial- und Humanwissenschaften. Berlin: Springer-Verlag.

Eckes, Thomas (2010). „Geschlechterstereotype: Von Rollen, Identitäten und Vorurteilen". Handbuch Frauen- und Geschlechterforschung. Theorie, Methoden, Empirie. Hrsg. Ruth Becker und Beate Kortendiek. Wiesbaden: Verlag für Sozialwissenschaften. S. 178-189.

Flick, Uwe/von Kardoff, Ernst/Steinke, Ines (2015). „Was ist qualitative Forschung? Einleitung und Überblick". Qualitative Forschung. Ein Handbuch. Hrsg. Flick, Uwe/ von Kardoff, Ernst/ Steinke, Ines. Reinbek bei Hamburg: Rowohlt Taschenbuch Verlag. S.13-29.

Gildemeister, Regine (2010). „Doing Gender: Soziale Praktiken der Geschlechterunterscheidung". Handbuch Frauen- und Geschlechterforschung. Theorie, Methoden, Empirie. Hrsg. Ruth Becker und Beate Kortendiek. Wiesbaden: Verlag für Sozialwissenschaften. S. 137-145.

Haas/Frigge/Zimmer (1991). Radio-Management: Ein Handbuch für Radio-Journalisten. München: Ölschläger.

Kleinsteuber, Hans J./ Eichmann, Ralph (2012). Radio: Eine Einführung. 1. Aufl. Wiesbaden: VS Verlag für Sozialwissenschaften.

Mayring, Phillip (2015). Qualitative Inhaltsanalyse: Grundlagen und Techniken. Weinheim und Basel: Beltz Verlag.

Przyborski, Aglaja/ Wohlrab-Sahr, Monika (2009). Qualitative Sozialforschung: Ein Arbeitsbuch. München: Oldenbourg Wissenschaftsverlag.

Thiele, Martina (2015). Medien und Stereotype: Konturen eines Forschungsfeldes. Bielefeld: Transcript Verlag.

Werner, Petra/ Rinsdorf, Lars (1998). Ausgeblendet? – Frauenbild und Frauenthemen im nordrhein-westfälischen Lokalfunk. Opladen: Leske und Budrich.

Internetquellen:

Norddeutscher Rundfunk (2015). NDR – Das Beste am Norden. Leitlinien für die Programmgestaltung des NDR 2015 I 2016.
https://www.ndr.de/der_ndr/unternehmen/leitlinien104.pdf (20.03.2017)

Norddeutscher Rundfunk (2017). Holger Ponik.
http://www.ndr.de/ndr2/team/Holger-Ponik,holgerponik117.html (20.03.2017)

Norddeutscher Rundfunk (2017). Ilka Petersen.
http://www.ndr.de/ndr2/team/Ilka-Petersen,petersen157.html (20.03.2017)

Norddeutscher Rundfunk (2017). Jessica Müller.
http://www.ndr.de/ndr2/team/Jessica-Mueller,mueller1142.html (20.03.2017)

Norddeutscher Rundfunk (2017). Ponik & Petersen - Der NDR 2 Morgen.
http://www.ndr.de/ndr2/sendungen/ponik_und_petersen_der_ndr2_morgen/index.html (20.03.2017)

Anhang

Transkriptionsregeln nach TiQ (Talk in Qualitative Social Research) in abge-
wandelter Form (vgl. Przyborski und Wohlrab-Sahr 2009: 164).

Zeichenerläuterung:

@(.)@	kurzes Auflachen
@(...)@	längeres Auflachen
*	Startpunkt eines parallelen Abschnitts
(.)	Pause
(...)	lange Pause
{}	weitere Geräusche, usw.
Brau/viellei-	Abbruch

Fall A:

M1: Moderatorin Jessica Müller

29.12.2016

Neue Vorsätze für das Jahr 2017

#00:08:18# M1: Wie sieht das aus mit Ihren guten Vorsätzen für 2017? Man
nimmt sich ja doch ab und an so einiges vor. Bisschen abnehmen, bisschen
mehr Sport machen sind die Klassiker, aber äh spätestens am 2 Januar
@(...)@ wars *das dann mit den guten Vorsätzen. Darum gibt es ein neuen
Trend in diesem Jahr (...) schlechte Vorsätze fassen. Die halten dann auch ga-
rantiert. (.) Gute Idee hat ND2 Hörerin Antje Schäfer gepostet (.) bei uns auf der
Facebook-Seite. Haushalt nicht machen, Wäsche nicht bügeln und ganz viel
Schokolade essen. Da bin ich dabei, ich auf jeden Fall auch. Also nehm ich mir
vor, hin und wieder mal mehr Chips zu essen und auch mal nicht zum Sport zu
gehen hat NDR 2 Hörerin Anna aus Hannover gepostet. Vor allem, man fühlt
sich dann ja auch nicht so schlecht, wenn´s mal passiert nä.
#00:08:30# *M1: @(.)@

Fall B:

G: Gastrednerin Corinna
M1: Moderator Holger Ponik
M2: Moderatorin Ilka Petersen

03.01.2017

Neue Vorsätze für das Jahr 2017

#00:22:21# G: Ja, vor allen Dingen, ähm. Ich hab die ersten zwei, drei Wochen auch gar kein Erfolg gehabt. Also ich war kurz davor auch äh, abzubrechen nä* weil mh, denn ist man nachher doch schon deprimiert. Aber dann plötzlich, wenn es dann anfängt, ähh, weniger zu werden, denn denn läuft das auch, denn geht das so Schlach auf Schlach nä. Aber man muss echt die Geduld haben (.) und sich drauf einstellen, dass sich die ersten zwei, drei Wochen gar nichts tut auf der Waage*, aber dann geht's.
#00:22:26# *M1: mhh
#00:22:42# *M2: Und Vielleich-
#00:22:43# M2: Und einen guten Willen. Ich, äh, also zum Beispiel bei mir ist es so beim Tatort sonntags abends nä, da muss ich Schokolade dazu essen, das ist* irgendwie so ritualisiert und wenn ich keine hab, ich fahr zur Not auch zur Tanke und hol mir doch schnell was.
#00:22:50# *G: mhh
#00:22:54# G: Also ich hole mir auch einen Riegel Schokolade* und bestell mir dann noch ein paar Äpfel.
#00:22:56# *M2: Ach, das machst du denn jetzt trotzdem? Ok!
#00:22:59# G: Doch, natürlich, doch. Ich hab das Naschen schon beibehalten, aber eben in Maßen alles.
#00:23:01# M2: Achsoo, ok, dass* man nicht wie ich die Tafel, sondern dann halt nur ein Stück isst so @(.)@
#00:23:01# *G: Ja
#00:23:05# G: Ja nee, ne Tafel hab ich noch nie gegessen* (.), das macht dann mein Mann.
#00:23:07# *M2: Nee?
#00:23:08# M1: Das macht der Mann, das ist nämlich die Geheimwaffe. Der kriegt alles zugeschoben, Corinnas Mann. Mehr solche ganz persönlichen Geheimtippst, gerne von Ihnen auf unserer Facebook Seite…

Fall C:

M1: Moderator Holger Ponik
M2: Moderatorin Ilka Petersen

22.12.2016

Weihnachtsgeschenk-Tipp

#00:12:10# Holger: Seh'n Sie. Und wenn Sie noch mehr Tipps brauchen: de kriegen se´ gleich von Svenni Freeses (.) bei Wir sind die Freeses* (.). In wenigen Augenblicken, hier bei uns in wenigen Augenblicken, vorher machen wir noch n bisschen (.) Christmas… {fade in Musik} *{fade in Musik}
#00:14:57# *Holger: {fade out Musik} Klein Svenni Freese brauch auch noch was für seine Luisa, nä? (.) Hat aber schon ne Idee, hör'n Sie mal hier gleich bei uns(.) Ich würd' ja empfehlen, ähm (.) topmodische Gummistiefel mit, äh(.) Winter oder Weihnachtsmotiven
#00:15:08#Ilka: Vielleicht auch noch den passenden Regenhut dazu, wenn wir uns das Weihnachtswetter angucken, denn (.) es wird sehr stürmisch, sehr nass Temperaturen so bis…

Fall D:

M1: Moderator Holger Ponik
M2: Moderatorin Ilka Petersen

22.12.2016

Hummels-Frisur

#00:41:01# M1: Mats kann wirklich alles tragen, ich empfehle eine Mütze (.), ja, drei zu null haben sie gewonnen, die Bayern gegen Leipzig, sei ihnen gegönnt, oder auch nicht, viel interessanter bei dem Spitzenspiel (.), Mats Hummels und seine neue Frisur, da gibt es schon einige Kommentare bei Facebook (.), aber wie sah er auch aus? Ich hab' ihn erst gar nicht erkannt (.) gelbe Haare, dunkler Bart* (.) Wer is das denn?
#00:41:19# *M2: @(.)@
#00:41:21# M2: Steht ihm nicht wirklich. Wissen Sie, er is mehr so der Wintertyp, wü würde mein Friseur sagen (.) dunkle Haare, aber (.) er konnte nicht anders: {Einspieler Interview (16s)}
#00:41:44# M1: Ja und die Aufmerksamkeit (.) also der Plan ist auf*gegangen.
#00:41:46# *M2: Ohh, das war ganz schön (..)
#00:41:48# M2: gemein aber, was da bei Twitter stand (.) zum Beispiel: Frisur oder auch (.) das Eigentor der Saison*, Hummel gehört mal ordentlich der Kopf gewaschen (.) und das gibt's noch viel, viel fiesere, das ist schon heftig (.) Man, der hat sich einmal die Haare verfärbt, das kennt doch jeder von uns, oder nich?
#00:41:52# *M1: @(.)@
#00:42:01# M1: Tja, was muss er auch beim Oktoberfest, beim Dosenwerfen wetten, nich'? Hat er verloren und dann muss er sich die Haare färben und äh (.) Es hat ihm auch keiner so ganz ehrlich gesagt wie er eigentlich aussieht, glaub ich {Einspieler Interview (10s)}

Fall E:

M1: Moderator Holger Ponik
M2: Moderatorin Ilka Petersen

05.01.2017

Weihnachtsbaum-Abtransport

#00:48:08# M2: Im Landkreis Helmstedt (.) da war nämlich ein 66 Jahre alter Mann unterwegs aus Leere. Und der hat sich überlegt, ach ich binde meinen ausgedienten Tannenbaum einfach an meinen alten Hyundai mit so nem Abschleppseil und fahre damit zur Sammelstelle.
#00:48:21# M1: @(.)@ jaha*, direkt vorbei am Polizeiwagen, die haben auch gedacht: was ist das denn bitteschön?! Sind gleich umgedreht, hinterher gefah-

ren. Haben die Kelle rausgeholt: Hier mein lieber, so geht es nicht, nä! Und dann haben sie geguckt in ihrem Katalog, was kostet denn eigentlich Tannenbaumabschleppen und interessanterweise haben sie tatsächlich was @(.)@ gefunden: das kostet nämlich 80 € plus ein Punkt in Flensburg.
#00:48:22# *M2: ahja @(.)@
#00:48:42# M2: Guck mal, da kriegst du schon fast ne Plastiktanne für.

Fall F:

M1: Moderator Holger Ponik
M2: Moderatorin Ilka Petersen

06.01.2017

Abbau des Weihnachtsbaums im Studio und Entfernen der Weihnachtsbaum-kugeln

#00:12:12 M1: Man würde sich ja auch gerne auf den Abschied vorbereiten. Aber wir kommen heute morgen ins Studio -
#00:12:15 M2: - und nichts mehr da. (.) Der wurde heimlich abgebaut, als wir zwei nicht da waren. Und dann hat uns noch Christiane Gans geschrieben: „Achtung Ilka, nicht die Werder Bremen Kugel mit entsorgen!" Ja, Christiane, daran habe ich eigentlich gedacht*, aber nicht damit gerechnet, dass sie hier heimlich nachts den Baum ausbauen.
#00:12:27# * M1: @(.)@
#00:12:31# M1: Was soll ich sagen? Werder Bremen? Halb so schlimm! Aber meine HSV Kugeln* sind weg, das ist der Skandal!
#00:12:33# M2: @(.)@